GALERIE DES FEMMES ILLUSTRES

DU XIXe SIÈCLE.

MADAME

URBAIN RATTAZZI

(PRINCESSE MARIE DE SOLMS)

NÉE BONAPARTE-WYSE

PAR

P. COUSTANS

AVEC PORTRAIT PHOTOGRAPHIÉ

Prix : 1 fr. 50 c.

PARIS

LIBRAIRIE DES AUTEURS

10, rue de la Bourse, 10.

1867

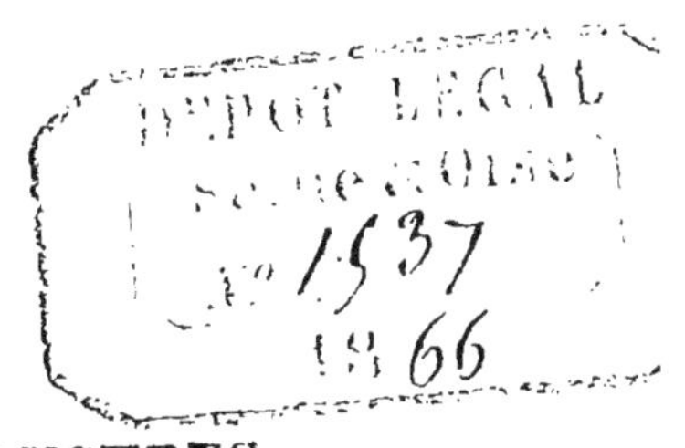

GALERIE DES FEMMES ILLUSTRES

DU XIXe SIÈCLE.

MADAME

URBAIN RATTAZZI

(PRINCESSE MARIE DE SOLMS)

NÉE BONAPARTE-WYSE

PAR

P. COUSTANS

AVEC PORTRAIT PHOTOGRAPHIÉ

Prix : 1 fr. 50 c.

PARIS

LIBRAIRIE DES AUTEURS

10, rue de la Bourse, 10.

1867

MADAME

URBAIN RATTAZZI

(PRINCESSE MARIE DE SOLMS)

NÉE BONAPARTE-WYSE

La princesse Marie, petite-fille de Lucien Bonaparte, est fille de Letitia Bonaparte de Canino et d'un gentleman anglais M. Wyse. Elle est née le 25 avril 1835. On la maria de trop bonne heure, à quinze ans, avec un gentilhomme allemand, M. Frédéric de Solms, qui ne la suivit pas dans l'exil qu'elle dut subir après les évènements de décembre 1851.

Douée des plus merveilleuses facultés intellectuelles, elle les développa d'abord par une éducation des plus soignées, ensuite par un travail persévérant : chose bien rare chez une jeune fille, chez une jeune femme, lancée dans le grand monde, par sa naissance même vouée en quelque sorte à la douce oisiveté et au plaisir.

Toute enfant, elle eut le bonheur d'être admise à l'Abbaye-au-Bois, dans la société de Mme Récamier, au milieu de ce salon des princes du génie, où trônaient Châteaubriand, Béranger, Lamennais. Même avant son mariage, elle se trouvait en relations suivies avec les Balzac, les Ponsard, les Alphonse Karr, les Gérard de Nerval, les David (d'Angers), les Pradier, les Rude, les Delaroche, etc., etc.

Tous ces hommes à la fois applaudirent à ses premiers débuts dans toutes les branches de l'art; car, sous leur féconde inspiration elle s'affirma en même temps comme poëte, prosateur, peintre, compositeur de musique et artiste dramatique.

Ce qui augmentait encore la sympathie et l'admiration pour cette jeune fille, déjà polyglotte, traduisant et parlant le latin (1), capable de soutenir, sur les sujets les plus étrangers

(1) La princesse Marie a passé ses examens d'institutrice pour les écoles primaires et secondaires; elle possède des diplômes en bonne et due forme, mais elle en sait beaucoup plus qu'il n'en faut pour être maîtresse d'école.

d'ordinaire aux préoccupations féminines, les conversations les plus profondes et les plus brillantes, c'est que sa grâce et sa beauté étaient à la hauteur de son intelligence. L'un des plus illustres conteurs de l'Abbaye-au-Bois, en voyant Chateaubriand lui apprendre à lire sur les genoux de Mme Récamier, disait que toutes les fées avaient entouré son berceau, la douant l'une de la beauté, l'autre de la grâce, l'autre de l'esprit, l'autre de la science, l'autre du cœur.

Quiconque l'a seulement entrevue ne peut l'oublier. Quiconque l'a vue ne saurait échapper au charme dont il a été énivré. Ses cheveux noirs, dont les opulentes nattes s'enroulent, *à la grecque*, autour de sa tête, font ressortir la blanche pureté de son front, et donnent à son visage ce caractère antique du marbre que le temps respecte et fortifie. Mais n'allez pas croire que, pour être belle et majestueuse comme une statue, comme cette statue elle soit aussi trop grave et trop imposante. Tout *s'humanise,* et l'on peut dire, tout se *francise* en elle, dès que jaillit le feu de ses yeux, et que s'éveille son frais sourire. Ce n'est point une Romaine, ce serait une Athénienne, si ce n'était une Parisienne.

Mais l'esprit de Paris, que le hasard de la vie l'ont en quelque sorte forcée d'exporter de Nice à Bruxelles, de Genève à Turin et à Florence, ne se met jamais chez elle en contradiction avec le cœur. Ce n'est pas elle qui, pour faire un bon mot, sacrifierait jamais un ami. Affable et riante, empressée, charmante, à l'égard des personnes qui lui sont présentées, elle est, dans ses amitiés, d'une constance, d'une fermeté viriles. Aimant à rire sans blesser, elle ne saurait souffrir que l'on médît des absents, et que, sous prétexte de légèreté, la critique égratignât les gloires auxquelles elle est attachée. Elle est, en général, plus disposée à plaindre qu'à blâmer; les haines qu'elle peut avoir sont absolument impersonnelles. Nul ne sait mieux excuser la faiblesse, comprendre le malheur, consoler et secourir la souffrance. En elle, beauté et esprit, sont synonymes de bonté.

Eugène Sue était établi à Annecy, quand Mme de Solms arriva en Savoie, au commencement de 1852. Lamennais et Béranger lui avaient donné des lettres de présentation pour l'illustre romancier.

« Je vais vous dire, en deux mots, écrivait *Lamennais*, ce qu'est cette jeune femme, et je vous connais assez pour être sûr que vous penserez comme moi après l'avoir vue deux fois seulement. Mes paroles vous paraîtront enthousiastes, et cependant je vous écris tout froidement, mais avec une conviction profonde et raisonnée. Eh bien ! Mme de Solms, — cette enfant de 18 ou 19 ans, — est tout simplement le plus beau caractère que je connaisse. En toute ma longue vie, je ne me rappelle avoir rien approché qui m'inspirât un plus affectueux respect, une plus sainte compassion ; c'est l'homme d'honneur dans toute la force du terme, la jeune fille la plus candide et cependant la plus résolue, la plus honnête femme qu'il soit possible d'imaginer ; ses sentiments ne sont pas élevés, ils sont sublimes ; ses actes, dans un âge si tendre, ne sont pas droits, ils sont héroïques, elle est patriote comme quelques-uns de nous l'ont été à vingt ans, girondine comme Charlotte Corday, dont elle a trop lu l'histoire. — Que vous dirai-je, mon cher Sue, c'est une nature si *invraisemblable* que je comprenais jusqu'à un certain point qu'on la calomniât ; la noblesse du cœur, le respect de soi-même, la fierté scrupuleuse, l'abnégation silencieuse, le dévouement stoïque, tout est en elle ; je vous citerais de cette jeune femme des traits *antiques* accomplis avec simplicité, sans effort, inconnus pour la plupart et qui vous pénétreraient d'admiration et de respect. — Vous comprendrez qu'après vous avoir dit en gros ce que j'en pense, ce n'est pas un simple accueil de politesse que je vous demande pour elle. Ne la voyez pas, ou si vous la voyez, aimez-la *comme on aime quand on l'aime,* ainsi que disait Balzac en parlant de cette attachante nature; c'est l'appui de votre nom, de votre plume, de vos amis, de votre famille, de tout ce dont vous pouvez disposer enfin, qu'il me faut pour Mme de Solms, et vous ne vous ne repentirez pas, croyez-moi, de lui accorder cet aide, cet appui. Ajoutez à tout ce que je vous ai dit du cœur et du caractère, et en l'envisageant plus superficiellement, que c'est une des femmes du commerce le plus séduisant que l'on puisse rencontrer. A son âge on n'a que de l'avenir, et le génie n'est qu'une promesse; mais elle est déjà très-intelligente, d'un esprit fin et pénétrant, d'une instruction d'écolier allemand (elle parle, écrit et traduit le latin mieux que moi), et d'un rare assemblage de talents; sa candeur vous étonnera, et chez une femme qui promet d'être si supérieure dans dix ans, vous pourrez la croire feinte. Détrompez-vous, rien n'est plus naturel, plns franc et plus loyal qu'elle; je vous expliquerai plus tard ce qui vous paraîtra incompréhensible. Avec votre tact exquis, vous comprendrez bien vite comment il faut lui parler, comment il faut la traiter. Vous ne frapperez pas certaines cordes, vous êtes trop observateur et trop homme de cœur pour ne pas deviner du premier coup d'œil. . .

. . . .

« Adieu, mon cher ami, je l'ai bien peu vue pendant les trois derniers mois de son séjour à Paris. . . . .
Il m'a semblé qu'un grand vide se faisait autour de moi. Pauvre et chère enfant, aimez-la pour nous deux, voyez-la souvent, protégez-la contre les méchants, contre les envieux, *contre elle-même* surtout, et croyez à ma reconnaissance absolue. »

LAMENNAIS.

« C'est, écrivait *Béranger*, par l'entremise d'une fée, que je me rappelle à votre souvenir, mon cher Sue ; cette fée que nous avions surnommée, Châteaubriand et moi, *la fée Bonheur*, va s'installer dans votre voisinage avec sa baguette, et en vieil ami, je veux vou faire part des enchantements dont lui sont redevables ceux qui l'approchent. La fée Bonheur est la petite-fille d'un des hommes que j'ai le plus aimés en ce monde, de Lucien Bonaparte, de ce grand homme que j'ai toujours regardé comme mon bienfaiteur.

» J'ai connu la fée Bonheur, il y a bientôt douze ans, chez son aïeule, la veuve de Lucien (elle avait 7 ou 8 ans); dès lors je me suis vivement attaché à elle. C'est une des plus gracieuses figures de notre temps, une poésie faite femme, un cœur d'or, une intelligence d'élite et un caractère d'héroïne de roman; elle est trop idéale, voilà son seul défaut. Mais, j'aurais beau jeu, vraiment, de continuer à faire son éloge. Vous la verrez, c'est tout dire, et on n'échappe pas à son empire! Les jeunes, les vieux, les hommes, les femmes, les enfants, les cuistres et les poètes, tout le monde, à commencer par ma vieille Judith qui lui réserva souvent ses plus belles tourtes et ses meilleures confitures, en raffole ; c'est la séduction incarnée, le type réalisé de votre charmant Marquis de Létorières ; notre bon Fély s'adoucissait, en causant avec elle ; elle avait l'art de rendre Ballanche amusant, la fée! Et Châteaubriand disait en extase : *c'est un enfant de génie.* Il faut vous dire que cette petite personne a été de bonne heure friande de toutes les gloires acquises par le talent ; elle dédaignait les jeux de son âge et jouait à la madame dans le salon de Mme Récamier ; comme elle vivait dans les nuages avec les savants et les poètes, ses bons amis, peut-être aussi avec son vieux chansonnier, elle s'est laissée marier un beau jour sans s'en apercevoir à un monsieur dont la figure ne m'est jamais beaucoup revenue ; son mariage l'a laissée petite-fille, mais l'a lancée dans tout le fracas du luxe et le torrent du monde officiel, où nous autres, vieux bons hommes, nous ne pouvions pas la suivre. Quelquefois en revenant ou en allant à un bal, la fée tombait chez moi à Beaujon ; c'était alors jour de fête, on envoyait chercher Lamennais, et la reine se mettait à causer, laissant traîner sa robe de satin blanc dans mon taudis, et l'illuminant du feu de ses diamants. Souvent la belle toilette était oubliée, on remettait à l'année prochaine le bal où l'on était attendue, on jetait le diadème de perles ou de brillants dans un coin, on faisait un exécrable café avec Lamennais ; on

en jetait la moitié sur la belle robe qui devait éblouir l'ambassade, et puis, l'on s'en allait, laissant les pauvres vieux accablés de sommeil, mais électrisés par l'apparition resplendissante. Quand tout cela se passait, la fée avait 15 à 16 ans Depuis, son esprit s'est formé, elle a ouvert son salon à toutes les illustrations de notre époque, Philoxène Boyer y compris !!! Elle est devenue une grande artiste dans toute la force du terme ; elle peint comme Mme de Mirbel et Rosa Bonheur ; elle commençait à faire prévoir l'avènement d'une nouvelle Mme Roland, plus poétique et plus femme, lorsque tout d'un coup. . . . .
Mais c'est une tête de fer, l'entêtement de Lucien. . . . .

. . . .

Gardez donc notre bel oiseau bleu, nous devions être ses amis, tous les trois : Fély, vous et moi, c'était écrit, vous le serez, je n'en doute pas. Vous l'aimerez en père comme moi je l'aimais en grand-papa, et vous parlerez quelquefois ensemble du vieux chansonnier.

BÉRANGER.

Une jeune femme aussi bien recommandée ne devait pas manquer d'être bien reçue. Elle devait l'être d'autant mieux qu'Eugène Sue venait de lire son premier livre, *Nice ancienne et moderne*, début littéraire de Mme de Solms, alors âgée de dix-huit ans, et qui obtint les honneurs de treize éditions en Italie. Le grand écrivain français avait pris plaisir à parcourir les romances dont elle avait écrit, soit les paroles, soit la musique, soit les paroles et la musique à la fois. Il avait été frappé surtout de quelques strophes bien remarquables par le souffle poétique et la tendresse en quelque sorte religieuse d'une pièce intitulée, *Chant funèbre sur les morts prématurées des deux reines, Marie-Thérèse et Marie-Adélaïde, et de Ferdinand, duc de Gènes* :

La vie est plus puissante au sortir d'une crise ;
L'homme fort se retrempe où le faible se brise,
Vous êtes l'homme fort que Dieu retrempe ainsi ;
Et, comme il vous réserve une œuvre peu commune,
Il vous rend inflexible aux coups de la fortune,
Et vous forge un courage à l'avance endurci.

. . . .

Il est un fanatisme sombre.
Qui se dresse contre les lois,
Et, nouant ses complots dans l'ombre
Comme un glaive brandit la croix.

. . . .

A côté de la Vierge-Mère,
Vous prendrez place en la chaumière,
Reines qu'aimaient les paysans,
Et l'image des trois Maries
De buis et d'épines fleuries
Se couronnera tous les ans.

Eugène Sue ne tarda pas à devenir l'ami intime de Mme de Solms, comme ses amis Béranger et Lamennais. La jeune femme ayant été l'objet des plus indignes attaques, il publia *Une page de l'histoire de mes livres*, qui eut à l'étranger un très-grand retentissement, ce qui est, on peut le dire, le plus beau titre de gloire de la princesse Marie.

Voici comment l'auteur du *Juif-Errant*, des *Mystères de Paris* et des *Mystères du peuple*, juge les premières œuvres de sa gracieuse amie :

« *Nice ancienne et moderne*, ouvrage publié en 1853 par l'exilée, avait déjà, lorsque je le lus, été trois fois édité. Ce succès est mérité ; le livre, consciencieusement élaboré, est très-complet, et possède une qualité indispensable aux œuvres de cette nature ; il est surtout parfaitement coordonné.

» La partie historique témoigne des patientes recherches de l'auteur ; son érudition, non pas trouvée *toute faite*, mais acquise avec labeur, domine son sujet, met habilement en relief et en lumière les principaux évènements. Ils sont presque toujours bien caractérisés, et sauf quelques points, leur appréciation m'a paru juste et morale. Les faits s'engendrent logiquement, au lieu d'être exposés successivement et sans cohésion entre eux. Le récit concis, clair, sobre et parfois coloré, atteint souvent à l'éloquence. Ainsi, après avoir raconté la bataille de *Montauron*, où Nice, assiégée, fut sauvée par l'intrépide bravoure et par l'exaltation patriotique d'une femme du peuple, CATHERINE SEGURANA, nouvelle *Jeanne Hachette*, l'auteur ajoute les réflexions suivantes :

. . . .

« Maintenant, lecteur, parcourons ensemble

» les places, les édifices de la ville qui a eu
» l'honneur de donner le jour à l'héroïne qui
» chassa l'étranger du sol de la patrie. Où la
» trouverons-nous, cette magnifique person-
» nification de l'honneur national vengé? Où
» est le rude et mâle visage de Catherine Segu-
» rana?... Cherchons.... Vous ne le trouve-
» rez nulle part, si ce n'est peut-être dans une
» méchante toile conservée à l'hôtel de ville...
» Habitants de Nice! vos pères étaient des
» héros; vos filles, vos femmes, des héroïnes:
» et vous n'avez rien fait pour recommander
» leur mémoire à la vénération de la posté-
» rité?.... Cependant, l'exemple de ceux qui
» ont bien mérité de la patrie est utile... Cet
» exemple recommande impérieusement les
» vertus civiques.

« Quoi ! cette admirable personnification de
» la vertu populaire, incarnée dans ce qu'il y
» a de plus élevé, de plus grand aux yeux de
» Dieu... une sainte femme du peuple déli-
» vrant son pays ! a laissé indifférents vos
» peintres, vos poètes, vos statuaires ?... Il
» faut chercher dans la poussière de vos ar-
» chives une image que vous devriez porter
» sur vos drapeaux ! Qu'importe le beau soleil
» qui vous éclaire, si vous n'en avez conservé
» un seul rayon dans vos cœurs pour y
» réchauffer le plus sacré des amours, l'amour
» de la patrie !.... »

Voilà, selon nous, de généreux sentiments traduits par de nobles paroles. De pareils passages se rencontrent fréquemment dans l'*Histoire de Nice*.

Dans le tableau de *Nice moderne* faisant suite à *Nice ancienne*, j'ai remarqué plusieurs aperçus d'une observation fine, ingénieuse, souvent un peu maligne, mais d'une malignité sans fiel. Ainsi, après avoir peint avec de vives et fraîches couleurs le riant aspect des jardins de Nice, l'auteur ajoute :

. . . .

« Vous vous extasiez devant cette magnifi-
» cence fleurie, vous remerciez le poétique
» propriétaire de l'oasis offerte aux rossignols,
» de cette atmosphère embaumée qui enivre
» le promeneur, de cette double ligne de
» fleurs qui vous transportent dans les jardins
» d'Armide. Hélas ! n'ayez pas l'imprudence
» de cueillir une de ces roses. Malheureux !

» retiens ta main impie,... ces fleurs sont » sacrées.... Tu parles de rossignols, naïf » touriste ! Sache donc qu'ici les rossignols » ne sont pas des chanteurs... mais un gibier.. » on ne les écoute pas, on les mange... Le » moineau lui-même n'a pas échappé à cette » fureur gastronomique.... Le silence s'est » fait dans les bois... les bocages sont muets. » Le soleil se lève étonné de n'être plus salué » par les concerts des petits musiciens ailés, » depuis longtemps, hélas ! rôtis et dévorés. »

. . . .

» Les fleurs sont traitées à l'avenant des » oiseaux.... on met les roses en boisseaux et » on les vend au quintal ! L'on ne cueille pas » les violettes... on les fauche ! Toute cette » richesse du printemps, ces trésors de coloris

» et de parfums.... tout cela va être transformé en grasseuse pommade et vendu à la livre... Voilà pourquoi un promeneur qui prend une fleur dans un jardin n'est pas un indiscret, mais un larron..... Il dérobe un produit !

« On n'écoute pas les rossignols, on les mange; on ne cueille pas les violettes, on les fauche, » sont certainement des traits d'observation vraie, relevée d'une pointe de fine raillerie. Ce contraste du trafic, du positif, opposé à la poésie des fleurs et des oiseaux me paraît heureusement rendu. Quelques portraits de personnes, alors présentes à Nice, sont d'une touche délicate. Témoin celui-ci.

« ... C'était quelque chose de vivifiant à voir que toutes ces rayonnantes têtes de

» jeunes filles et de jeunes femmes, belles et
» élégantes à l'envi, entre lesquelles se déta-
» chait la poétique figure de mademoiselle Ba-
» thyani, la fille de l'illustre martyr hongrois,
» que nous avons tous pleuré et regretté.
» Cette toute jeune fille d'une toute jeune
» mère est un des plus adorables types que
» l'on puisse rêver... La candeur de cette
» physionomie céleste, l'innocence de ce
» maintien, ce regard doux et fier à la fois,
» font revivre l'une de ces vierges divines
» créées par Raphaël le divin... Je suis artiste,
» et excusable de m'extasier devant la beauté..
» Mais, je l'avoue : je doutais quelque peu des
» anges... mademoiselle Bathyani m'a donné
» la foi. »

Je cite ce passage parce qu'il révèle l'une des qualités de l'auteur, qualité bien rare chez une femme très-jeune et très-belle, à savoir : l'oubli complet, permanent, de sa beauté, jointe à une admiration naïve de la beauté des autres. J'ai aussi remarqué ces quelques lignes d'une promenade au château :

« Je me trouvais bientôt en face du cime-
» tière : la porte donnait entrée à un convoi
» funèbre composé de femmes et de jeunes
» filles vêtues de blanc. C'était le corps d'un
» enfant que le pieux cortége allait confier à
» la terre... Le petit cercueil, couvert d'une
» nappe blanche, surmonté d'une couronne
» de roses et d'immortelles, laissait aperce-
» voir la figure endormie de ce petit conqué-
» rant du ciel. »

Ce tableau n'est-il pas d'une grâce touchante ? — Dans une autre promenade, madame de Solms raconte l'histoire d'un jeune Anglais qui s'est suicidé par amour : puis elle ajoute :

« La nuit, quand la mer se brise au pied » du phare, l'on croit entendre un gémisse- » ment humain accusant encore les rigueurs » d'une ingrate... Ce tombeau est devenu » aujourd'hui le but d'un pèlerinage. Les » amants fidèles, mais délaissés, y déposent » une couronne et une larme. Les blondes » filles d'Albion le visitent souvent... Elles » descendent méthodiquement de cheval, s'a- » genouillent décemment devant la pierre » funéraire... et tirent de leur poche un élé- » gant mouchoir qu'elles portent à leurs

» yeux... Cette dernière cérémonie est de
» toute rigueur... la sensibilité se mesure à
» l'agitation convulsive du mouchoir. »

La plaisanterie n'est-elle pas de bon goût et de bon aloi? N'assiste-t-on pas à la pudibonde et correcte génuflexion de la blonde miss devant la pierre tombale du jeune martyr de l'amour?

Cependant, la tendance générale du livre, en ce qui peut révéler la personnalité de l'auteur, confirme plus les larmes que le sourire. Des pensées d'une tristesse profonde trahissent involontairement, çà et là, les douleurs d'une âme blessée... Je citerai, entre mille, ce passage :

« Le spectacle de la nature invite à la mé» lancolie, au recueillement, et, lorsque l'on » craint de remonter le cours de ses souve» nirs, lorsqu'on a besoin de se fuir soi» même, on cherche des distractions dans les » bruits du monde ou dans une activité fac» tice.... L'espoir ou le désespoir absolus » peuvent seuls se plaire dans la solitude.., » L'espérance lui confie ses rêves, et la déses» pérance s'y nourrit de sa propre douleur » avec une sorte d'âpre volonté. »

Cette mélancolie noire et latente est surtout navrante lorsqu'elle s'exhale, malgré soi, de l'âme d'une femme de vingt ans comme un cri arraché par la douleur aux âmes les plus fortes ; cette mélancolie heureusement intermittente, a pour correctif, chez l'auteur du livre de *Nice*, un profond sentiment de gratitude pour la bienveillance qu'on lui témoigne, et il termine ainsi son livre :

« .... Et maintenant, adieu, Nice.... adieu,
» terre hospitalière !.... Je te salue du cœur et
» de la main.... Accepte mes remercîments,
» et pardonne quelques plaisanteries inoffen-
» sives... Et vous, amis présents et éloignés
» qui avez consolé les heures de mon exil,
» merci !... Grâce à vous, j'ai été plus sensi-
» ble aux douceurs de la sympathie qu'aux
» attaques de la malveillance.... Je me sou-
» viendrai toute ma vie des unes.... j'ai déjà
» oublié les autres. »

» Ce livre, reprend Eugène Sue, me frappa non-seulement par certains mérites littéraires dont je viens de donner un crayon, mais par la variété des connaissances, d'aptitudes, de travaux relatifs à ce qui, dans cet ouvrage, traitait des périodes historiques, ainsi que de l'agriculture, de la législation, du commerce, et, surtout, du dialecte niçard et des origines de ce dialecte, sans parler de deux légendes populaires, *Roccasparviera* et la *Tina dei Fada*, très-curieusement exhumées des traditions locales ; sans parler enfin des connaissances botaniques nécessaires à la classification d'une *Flore* de cette province. Je sais à merveille que l'on n'invente point ces parties scientifiques d'une œuvre, qu'en cela les livres se font avec les livres ; néanmoins, en songeant à la quantité d'ouvrages et de traités spéciaux de toutes sortes que l'auteur avait dû consulter, approfondir, en songeant à ses longues et patientes études ! afin de coordonner ces divers et nombreux matériaux, de se les assimiler, de les fondre dans un livre complet, je me disais que peu de jeunes femmes de cet âge, belles, élégantes et riches, auraient le courage, le goût, ou la faculté d'occuper ainsi les loisirs de l'exil, au lieu de chercher l'oubli et la distraction de cet exil dans les enivrements du monde. »

Pour témoigner d'une manière encore plus éclatante son estime et son admiration pour Mme Marie de Solms, Eugène Sue voulut lui dédier son roman, *le Fils de Famille.* Mais cette dédicace, *Le Proscrit à la Proscrite ; — Maintenant et toujours*, inscrite en tête de l'ouvrage, lors de son impression en volumes, ne put, rapporte Eugène Sue lui-même, être insérée dans *le Siècle*, lors de la publication en feuilleton.

La dédicace de *la Bourse*, l'une des meilleures comédies de Ponsard, portait aussi le nom de Mme de Solms; mais il en fut effacé par l'éditeur, dont Béranger critique vivement l'étrange pusillanimité, et quoique le poète se plût à reconnaître, en sa jeune amie, « l'héroïne et l'inspiratrice de sa pièce. »

L'auteur de *l'Honneur et l'argent* imprima, durant son séjour à Aix, où il cultivait journellement la charmante société de la princesse, une petite pièce intitulée *les Charmettes*, où il évoque le souvenir de Jean-Jacques Rousseau, et compare spirituellement la princesse Marie à Mme d'Houdetot :

Ah ! si madame d'Houdetot
A tes vœux eût été facile ;
Si tes larmes... ou si plutôt,
Celle qui vient dans ton asile ;

Si celle à qui le ciel bénin
Donna, dans un jour de largesse,
Un esprit mâle et féminin,
Et la beauté d'une déesse ;

Si la blanche fille d'Erin,
Si la fée aux cheveux d'ébène,
Aux yeux bleus comme un flot marin
Eût vécu ta contemporaine ;

Et si son cœur s'était ému
De ta solitude sauvage,
O Rousseau ! tu n'aurais pas bu
La mort dans ton dernier breuvage.

François Ponsard.

A Aix, comme à Nice, Mme de Solms vécut d'abord un peu solitaire, c'est-à-dire s'adonnant régulièrement huit à dix heures par jour à la peinture, la musique, la poésie, la littérature; entretenant une vaste correspondance avec les plus illustres noms de la France, de l'Italie, de l'Allemagne, de la Russie, et ne voyant qu'un petit nombre très-restreint d'amis. Mais son activité intellectuelle la poussa à fonder *les Matinées d'Aix-les-Bains*, journal littéraire qui, grâce à elle et aux spirituels collaborateurs dont elle sut s'entourer, ne tarda pas à obtenir une réputation européenne, dont profita largement la petite ville où il paraissait. Les étrangers affluant à Aix, « la fée Bonheur, » comme dit Béranger, étendit sa baguette, et, pour ce faubourg Saint-Germain qu'elle avait importé au fond de la Savoie, elle fit sortir de terre le *Théâtre du Châlet*. La « princesse Esprit » en fut naturellement la directrice, et la principale actrice ne pouvait être autre que la « princesse Enjouement » ou la « reine Beauté, » comme disait toujours Béranger, ce vieux galant d'une éternelle jeunesse. On jouait sur ce « troisième théâtre français, » qui eût très-bien figuré entre l'Odéon et la Comédie de la rue Richelieu, des petites pièces d'Alexandre Dumas, d'Alfred de Musset, de Ponsard, d'Octave Feuillet, d'Armand Baschet, et surtout de la princesse Marie de Solms :

L'Amour se change en haine aussitôt qu'il expire,

Quand on n'aime plus trop l'on aime plus assez,

Mme de Staël à Coppet,

Corinne ou l'Italie,

L'Épreuve,

Les suites d'un ménage de garçon,

Une livre de chair,

Aux pieds d'une Femme,

Le Concert impromptu, etc,

Proverbes imprimés isolément et depuis réunis en volume, sous le titre, *les Soirées d'Aix-les-Bains,* écrits avec une grâce et une variété surprenante, où toutes les passions, les plus vives comme les plus légères, sont remuées avec un esprit qui éveille le rire et un cœur qui fait couler les larmes.

S'étant constitué une troupe dramatique d'amis, d'étrangers de passage et d'hommes de lettres, attirés de Paris, la directrice du *Théâtre du Châlet*, obtint de merveilleux succès et fit produire à sa petite scène de prodigieuses recettes. Est-il besoin de dire où allaient ces recettes? Elles se glissaient, par des canaux secrets, partout où se faisait sentir une misère. Les pauvres d'Aix-les-Bains s'apercevaient chaque lendemain qu'on avait joué la comédie au *Châlet*.

Du reste, la princesse Marie qui a le bonheur de ne pas écrire pour vivre, a toujours consacré le produit de ses œuvres, — auquel elle ne manquait pas d'ajouter 20 à 25 louis par mois, — à faire du bien, et elle l'a toujours fait sans humilier, sans forcer ses obligés à une reconnaissance, inutile pour elle.

Une seule chose manquait à Aix à son bonheur, c'était la France. Elle était malade de ne pouvoir y entrer, dès qu'elle le désirait, et un jour elle disait à un ami : « Je mourrai du mal de France. »

Quelque temps après arriva l'annexion de la Savoie. Elle se trouva en France ; mais la France pour elle c'était Paris. Elle y vint bientôt, et dans son *Bouton d'or*, — nom donné à son salon de la rue de Milan, transféré rue des Vignes, aux Champs-Elysées, — elle réunit autour d'elle la meilleure société. MM. de Boissy, Lefebvre Duruflé, Mérimée, Dupin, s'y sont rencontrés avec MM. Nisard, Patin, Ampère, Biot, Berryer, Sainte-Beuve, Viennet, Ponsard, Meissonnier, Babinet, Lasteyrie, Octave Feuillet, L. Havin, le bibliophile

Jacob, le Sénat avec l'Institut, la littérature et la peinture avec les sciences.

Vers la fin de 1861, ce salon, qui était devenu une puissance, se ferma tout-à-coup. La princesse Marie tomba malade et le bruit de sa mort, en se répandant, causa une émotion profonde dans le monde parisien. Mais bientôt les habitués du *Bouton d'or* reçurent l'invitation d'assister à la première représentation de l'*Auberge de la Madone*... Il est impossible de décrire avec quel enthousiasme on applaudit la belle ressuscitée et comme actrice et comme auteur !

C'est dans ce salon, ouvert à toutes les illustrations étrangères, à mesure qu'elles traversaient la capitale, que Madame de Solms connut M. Rattazzi, alors président du parlement italien et plusieurs fois président du conseil des ministres de Victor Emmanuel. Peu d'années après, la princesse Marie allait faire un voyage en Italie, achetait sur les bords du lac de Côme, la villa *Marie Letitia*, qui portait le nom de sa mère, et consentait à accepter la main du plus célèbre des hommes d'état italiens. Mme Rattazzi était digne de devenir la compagne du grand ministre patriote, dont Cavour disait :

« Rattazzi a toujours été le membre le plus » conservateur du cabinet, le partisan le plus » décidé du principe d'autorité. Le Roi, la mo» narchie, la cause de l'ordre n'ont pas de » partisan plus sincère, plus dévoué que » lui.

» Il est libéral par conviction ; intelligence » de l'ordre le plus élevé, il a l'esprit juste » et fin. Personne ne saisit plus vite et mieux » que lui une affaire ; et il est difficile qu'il se » trompe dans ses appréciations soit des » questions politiques, soit des questions ad- » ministratives.

» Tout ce que Rattazzi a fait lui-même a » été bien fait. Toutes les choses dont il a dû » confier l'exécution à d'autres ont été de tra- » vers. »

M. Rattazzi a traversé le pouvoir dans les situations les plus tendues, et s'y est montré plus fort que les circonstances. Aussi n'est-il pas douteux que sa glorieuse carrière politique et administrative est loin d'être terminée et que l'heure n'est point éloignée où l'Italie aura besoin de son énergie, de sa fermeté et de son génie de premier ordre pour achever sa régénération.

Mme Rattazzi, à qui la politique n'était jamais restée étrangère, avait, avant même son mariage, consacré plusieurs fois sa plume à défendre la cause italienne. Depuis, elle ne fait que continuer son œuvre patriotique au midi des Alpes.

Le 26 septembre 1862, elle adressait à S.M. Victor Emmanuel les beaux et généreux vers que voici :

A S. M. LE ROI VICTOR EMMANUEL

Amnistie ! amnistie ! ô Roi, soyez clément !
Pardonnez au héros son fier égarement.
De perfides conseils, une heure de folie
Ont fait du champion de la jeune Italie

L'ennemi de lui-même et de la Royauté.
Grâce, au nom du pays et de la liberté !
Grâce, au nom de l'histoire, à l'homme légendaire ;
Au nom de votre peuple, au soldat populaire !
Sire, rappelez-vous Varèse et Rizzatto,
Sondrio, Laveno, Dôme et Bercoletto,
Vingt autres souvenirs plus glorieux encore,
Qui de votre beau règne ont illustré l'aurore :
La Valteline en feu, les vaillants montagnards
Sans canons ni fusils, sans piques ni poignards,
Faisant arme de tout, faux, soc, bâtons, coignée ;
Les volontaires, jeune et vaillante poignée,
Qui, marchant sur ses pas, d'un pied leste et hardi,
Tombaient en répétant : *Vive Garibaldi* !
Ils sont morts, mais leur sang, généreuse semence,
Fume encore, et vous crie : Amnistie et clémence !
Sire, rappelez-vous ses plus récents exploits,
Empruntés par l'histoire aux romans d'autrefois.
Quand il affranchissait Naple et les Deux-Siciles,
Aventurier brouillon, chef des guerres civiles,
Il allait, disait-on, par sa fougue emporté,
Etouffer au berceau la jeune liberté !
Mais vous, vous que l'Europe à juste titre nomme
Le soldat du progrès et le roi galant homme,
Vous savez bien, en vous, que cet audacieux
Était un dévoué, non pas un factieux ;

Qu'ennemi des tyrans, comme de l'anarchie,
Il voulait l'unité, mais dans la monarchie.
Sire ! grâce pour lui ! ce généreux soldat
N'a pas cru jusqu'alors commettre un attentat.
Des trames qu'il ignore, un habile égoïsme
Ont égaré l'élan de son patriotisme,
Trompant son âme ardente, ils ont armé son bras.
Mais ceux-là sont dans l'ombre, on ne les juge pas,
Doit-il, ce cœur loyal, porter le poids d'un crime
Que d'autres ont commis, et dont il est victime ?
Sa grâce, un peuple entier l'implore à vos genoux.
J'arrive la dernière, et pourtant devant vous
Je ne plaiderai pas vainement, je l'espère ;
Si le Roi restait sourd, j'implorerais le père !
Au nom de votre fille, au nom de cet hymen
Que l'Italie entière acclamera demain,
De la couronne offerte à cette blonde tête,
Sire, qu'un jugement n'attriste pas la fête !
Vous êtes grand et fort : soyez clément et bon !
Qu'aujourd'hui soit un jour de grâce et de pardon.
Que l'aimable princesse emporte vers Lisbonne
Un pardon obtenu, sa plus belle couronne,
Et que sa fraîche voix, comme un souffle embaumé,
Guérisse le captif que vous avez aimé !
Sire, toute infortune au fond du cœur vous touche
Souvent le mot de grâce arrive à votre bouche.

Ah ! dites-le ce mot qui nous semble si doux
Il portera bonheur à ces jeunes époux.
Laissez-le s'éloigner ; qu'il aille en Amérique,
Jeter à d'autres cieux cette flamme héroïque,
Ce fougueux dévouement qu'a toujours exalté
L'amour de la patrie et de la liberté.
Ah ! rendez à nos vœux, rendez à sa famille,
A ses fils bien-aimés, rendez, sire, à sa fille,
Le héros malheureux ! il est assez puni !
Faites-le libre, Sire, et vous serez béni !
Des juges, un arrêt, des gardiens, une geôle !
C'est la mort ! l'aigle meurt en cage : il faut qu'il vole,
Qu'il vive ! je connais sa devise et sa loi,
Je le jure pour lui : l'Italie et le Roi.

Ce poème ne fut pas étranger à l'amnistie qui suivit les évènements d'Aspromonte; il lui valut une lettre admirable de Garibaldi, que nous regrettons de ne pouvoir citer.

A un autre héros de l'indépendance italienne, mort avant d'avoir vu la réalisation des idées auxquelles il consacra sa vie, à l'immortel président de la république de Venise, qui, en 1848, par son gouvernement ferme et modéré, par sa défense de la reine des Lagunes, mérita le respect et l'admiration de tous les partis ; qui, plus tard, et surtout à partir de 1854, suscita les sympathies universelles en faveur de l'unité italienne, et ne fut pas sans influence sur les déterminations de Rattazzi et de Cavour; à *Daniel Manin* la princesse Marie consacra, en 1858, un *Essai biographique*, dédié aux Vénitiens, en remerciement du sympathique accueil dont ils l'avaient honorée lors d'un court séjour qu'elle avait fait dans leur malheureuse patrie.

Quelques années plus tard, Mme Rattazzi, à l'occasion du mariage de la fille du roi d'Italie avec le jeune roi de Portugal, publia une brochure politique sur l'*Avenir du Portugal*, qui eut un retentissement européen. Cet opuscule, aussi remarquable que remarqué, était signé du pseudonyme le *vicomte de Tresserve*, sous lequel elle fit divers feuilletons dans le journal *le Turf*. Sous les pseudonymes du *vicomte d'Albens* et du *baron Stock*, elle a donné au *Pays* et au *Constitutionnel*, durant quelques années, des lettres parisiennes et des chroniques hebdomadaires.

Mais c'est sous son propre nom de « Marie de Solms, née Bonaparte-Wyse, » qu'elle fit paraître à Genève, en 1859, *la Dupinade* et *les Chants de l'Exilée*, petits poèmes politiques, dédiés à Victor Hugo.

Le grand poète accepta la dédicace et l'en remercia en ces termes :

« A Madame Marie de Solms, née Bonaparte-Wyse.

» Vos vers, Madame, sont bien beaux ! Ils ont la grâce de la femme et la virilité de l'exil. Je suis à la fois fier et confus quand je vois s'approcher de mon front, couvert de tant de nuées, une si belle main portant une si belle couronne.

» Votre poésie glorifie et fortifie les vaincus, on s'y réfugie et on s'y repose. Les naufrages sont bons, puisqu'à de certains moments la Providence nous ouvre de tels asiles : la sympathie d'une femme est un port ! !

» Continuez d'être ce que vous êtes. . .

. . . .

» Je mets à vos pieds mes remerciements et mes respects.

» Victor Hugo. »

Après la mort de *Béranger*, sa jeune amie ne manqua pas de consacrer un livre à la mémoire de l'illustre chansonnier. Elle écrivit sa vie d'un ton aussi émouvant qu'ému, et y ajouta un certain nombre de lettres et de chansons inédites, qui lui avaient été adressées, et dont elle devait rendre au public le précieux dépôt.

Gioberti avait été, comme son concitoyen

Manin, comme Béranger et Eugène Sue, l'un des admirateurs et des correspondants intimes de la princesse Marie. Aussi n'est-il pas étonnant que le grand nom du Lamennais subalpin, de celui qui prononça le mot fameux *l'Italie des Italiens*, ait plus d'une fois retenti dans les vers patriotiques de Mme Rattazzi. La plupart de ces poésies politiques ont été réunies dans un recueil, *les Rives de l'Arno*, publié à Paris en 1865.

N'oublions pas de rappeler qu'en outre de toutes les œuvres que nous avons signalées, notre infatigable auteur a fait paraître plusieurs romans de mœurs, d'un mérite égal à ses écrits politiques, à ses poëmes, à ses comédies, et qui brillent, non-seulement par l'étude des caractères, par l'intérêt des épisodes, par le sentiment intime et profond, mais encore par une forme toujours appropriée au sujet, et par une douce raillerie. Citons donc :

La recherche de l'Idéal, ou *Il ne faut jurer de rien*, nouvelle en vers, études de mœurs contemporaines ;

La réputation d'une Femme, roman, étude de mœurs, qui a eu le succès d'*Indiana*;

Mademoiselle Million, scènes de la vie de province, suivies de plusieurs nouvelles : *l'Amour perdu, Histoire d'un Chien, Roccasparviera, la Tina dei fada, Sataniel en Cour d'assises, le Bon vieux temps, les fautes des Parents, une Page du Carnet d'un Médecin, Jeanne de Gœrchen*, etc...

Les Mariages d'une Créole, dont la préface a fait tant de bruit ;

Les Mariages de ce Siècle, devant la publication duquel recula la librairie parisienne, et que la librairie belge ne manqua pas de recueillir ;

Le Piége aux Maris, roman qui paraît en ce moment même à Paris.

Comme musicienne, Mme Rattazzi vient encore de mettre au jour un *recueil de seize morceaux* pour la voix et le piano seul, parmi lesquels on remarque :

Le Chœur des Mineurs, paroles inédites de Ponsard ;

Il Canto del Pastore, romance sans paroles,

dans le genre des romances sans paroles de l'illustre Mendelsonh ;

Le Rêve du Dante, mélodie fantastique qui, si elle était orchestrée, serait une véritable symphonie ;

Et enfin, la *Cascade de Grésy*, simple et suave mélodie, dont les paroles sont encore signées de l'auteur de *Lucrèce*.

Mme Rattazzi a consacré une étude à *Mme Émile de Girardin, sa vie et ses œuvres*, dans laquelle, sans peut-être s'en apercevoir, elle a esquissé, sous plus d'un rapport, son propre portrait. Ainsi rien ne s'applique mieux à elle-même que ce passage de cette brillante étude : « Nous n'avons rien dit de son esprit de conversation : tous ceux qui l'ont connue s'accordent à affirmer que personne, depuis Mme de Staël, n'y a déployé, autant qu'elle, de verve et d'éclat. — Cette supériorité ne lui sera jamais contestée ; cette fois, du moins, la justice n'aura pas été rendue outre tombe. »

Saint-Germain. — Imp. H. PICAULT, rue de Paris.

Pour paraître prochainement

BIOGRAPHIE

DE

GEORGES SAND

www.ingramcontent.com/pod-product-compliance
Ingram Content Group UK Ltd.
Pitfield, Milton Keynes, MK11 3LW, UK
UKHW022134190726
13855UKWH00003B/1141

9 782012 985391